Un cahier d'écriture
CM1 CM2

Parce que nos élèves de cycle 3 ont encore besoin de s'entraîner à écrire !

D1718781

Sandrine BROU

Professeur des écoles
Académie de Nice

La Trousse de Sobelle

Blogueuse

Sommaire

Les différentes sortes d'écritures

L'écriture cursive :

C'est ce qu'on appelle aussi « en attaché ». Ecriture avec laquelle les élèves écrivent dans les écoles françaises.

a, b, c, d, e, f, g, h, i, j, k, l, m, n,

o, p, q, r, s, t, u, v, w, x, y, z

L'écriture script :

C'est ce qu'on appelle aussi « en détaché ». Ecriture qu'on trouve dans les livres. Les élèves anglo-saxons ne connaissent que celle-ci.

a, b, c, d, e, f, g, h, I, j, k, l, m, n,

o, p, q, r, s, t, u, v, w, x, y, z

Les capitales d'imprimerie

On les appelle aussi les majuscules « bâtons ». Elles font partie de l'écriture script.

A, B, C, D, E, F, G, H, I, J, K, L, M, N,

O, P, Q, R, S, T, U, V, W, X, Y, Z

Les majuscules cursives

Elles font partie de l'écriture cursive et doivent respecter certaines règles.

A, B, C, D, E, F, G, H, I, J, K, L, M, N,

O, P, Q, R, S, T, U, V, W, X, Y, Z

Les majuscules I et J

I

Irène

Isidor

L'Inde

L'Irak

Isabelle accueille son ami Igor d'Italie.

Indiana lives in Ireland with her uncle Ivan.

J

Johann

Josiane

Joris

Justine

Julie et Joséphine habitent dans le Jura.

John n'est jamais allé en Jamaïque.

2 — Les majuscules K et H

Ecris les lettres et les mots autant de fois que tu peux. Recopie une fois les phrases.

K

Kim

Kévin

Le Kenya

Le Kurdistan

Katia et Karine sont mes amies d'enfance.

Le Koweït est un pays du Moyen-Orient.

H

Hervé

Hélène

La Hollande

La Hongrie

Hugo aime surfer les vagues de Honolulu à Hawaï.

Heidi et Harry voyagent à Hong-Kong.

3 — Les majuscules L et S

L

Luc

Lionel

Louane

Lille

Lalie va très souvent au Luxembourg.

Lorène et Lucas habitent à Lyon.

S

Suzie

Stéphane

La Serbie

La Sardaigne

Sylvie et Sandrine iront cet été au Sénégal.

La capitale de la Suède s'appelle Stockholm.

Ecris les lettres et les mots autant de fois que tu peux. Recopie une fois les phrases.

R

Roxane

Rennes

Rouen

Le Rhône

Renaud et Rihanna sont des chanteurs.

Robert ira soit en Russie soit en Roumanie cet été.

B

Bernard

Benjamin

La Bretagne

La Birmanie

Bruno et Béatrice partent aux Pays-Bas.

Benoit est allé à Bruxelles en Belgique.

Les majuscules C et E

Ecris les lettres et les mots autant de fois que tu peux. Recopie une fois les phrases.

C

Chloé

Carine

La Croatie

Christophe

Catherine et Christian vont souvent en Corse.

Cannes et Cagnes-sur-Mer sont sur la Côte d'Azur

E

Eric

Estelle

Elodie

L'Espagne

L'Estonie est un pays de l'Europe de l'Est.

Emilien et Esteban ne connaissent pas l'Ethiopie.

Ecris les lettres et les mots autant de fois que tu peux. Recopie une fois les phrases.

D

Denis

Diane

Dorothée

La Dordogne

Dolorès Dubosq vit à Draguignan.

Damien et Daniel reviennent du Danemark.

P

Paul

Paola

Pierre

La Pologne

Philippe et Pascal prennent le train pour Paris.

Patricia, Pauline et Perrine sont au Portugal.

Ecris les lettres et les mots autant de fois que tu peux. Recopie une fois les phrases.

A

Alice

Anthony

Alysée

L'Allemagne

Anaïs amène Andréa à Amsterdam.

Alison et Abdel sont au Lycée d'Antibes.

N

Nicolas

Nathalie

La Norvège

Nantes

Nicole, Nestor et Noah se baignent à Nice.

Nadège vient de Nancy qui est dans le Nord-Est

Les majuscules M et G

M
Maurice
Marie
Mauritanie
Montpellier

Manu et Mathieu mangent à Monaco.

A Moscou, Maëva et Murielle ont très froid.

G
Grégory
Gérard
Guillaume
La Grèce

George Green lives in Great Britain.

Gaël et Ghislaine sont sur les rives de la Garonne.

Les majuscules F et C

Ecris les lettres et les mots autant de fois que tu peux. Recopie une fois les phrases.

F

Fabien

Flore

Francis

La France

Fred et Franck n'iront pas en Finlande.

Roger Federer roule en Ferrari ou en Ford.

C

Théo

Tina

Thérèse

La Tunisie

Tom and Teddy are from Toronto.

Toa de Tanzanie crie comme Tarzan.

Cahier d'écriture CM1-CM2 - @La Trousse de Sobelle – Photocopies autorisées pour une classe seulement

Les majuscules O et Z

O
Osiris
Oscar
Olympe
Osaka

Oliver met B. Obama in Ohia last year.

Odile et Octave visitent la ville d'Orléans.

Z
Zoé
Zorro
Zack
Zaza

Zinedine Zidane, dit Zizou est un grand footballeur.

Le Zimbabwe et la Zambie sont des pays d'Afrique.

Ecris les lettres et les mots autant de fois que tu peux. Recopie une fois les phrases.

U

Ulysse

Uranus

Ushuaia

Unesco

Ulrick travaille à l'Unicef pour aider les enfants.

L'Utah est un état de l'ouest des Etats-Unis.

V

Victor

Valérie

Le Var

La Varsovie

Les habitants de Venise sont des Vénitiens.

Virginie fait un exposé sur la planète Vénus.

Les majuscules W et Y

W
Wendy
Warren
William
Waterloo

Walter and Wilfrid are in Washington.

Werner est au cinéma avec Wallid et Wayne.

Y
Yvonne
Yann
Yanis
Yves

Yannick et Yohann reviennent de Yaoundé.

Youri Gagarine est le 1er à être allé dans l'espace.

Les majuscules Q et X

Ecris les lettres et les mots autant de fois que tu peux. Recopie une fois les phrases.

Q

Quentin

Queen

Quasimodo

Le Québec

Quimper

Quincy

Charles Quint

X

Xavier

Xenia

Xantha

Xi'an

Xanter attend Xantha pour partir au Qatar.

Recopie deux fois chaque proverbe.

À chaque jour suffit sa peine.

Bien mal acquis ne profite jamais.

Chose promise, chose due.

Ça ne casse pas trois pattes à un canard !

Ne pas vendre la peau de l'ours avant de l'avoir tué.

L'habit ne fait pas le moine.

Il n'y a pas de fumée sans feu.

Mieux vaut tard que jamais.

Recopie deux fois chaque proverbe.

Donner c'est donner, reprendre c'est voler.

On ne change pas une équipe qui gagne.

Les bons comptes font les bons amis.

Mieux vaut prévenir que guérir.

Loin des yeux, loin du cœur !

Pas de nouvelles, bonne nouvelle.

Il n'y a que la vérité qui blesse.

Bien mal acquis, ne profite jamais.

De drôles d'expression

Recopie deux fois chaque expression.

Qui vole un œuf, vole un bœuf !

Se mettre le doigt dans l'œil.

Il ne faut pas pousser mémé dans les orties !

Mettre sa main à couper.

Avoir peur de son ombre.

Passer du coq à l'âne.

Tomber dans les pommes.

Ne pas avoir sa langue dans sa poche.

Elabore des phrases avec les mots proposés. Tu peux en ajouter d'autres.

koala, képi, Karine, Kévin, Kenya, kaki, skate.

zèbre, zoo, Zoé, lézard, zigzaguer, Zack, gazon

Yann, voyage, pays, Maya, python, royal

18 Les lettres h, t, x

Elabore des phrases avec les mots proposés. Tu peux en ajouter d'autres.

hélicoptère, Hongrie, hésiter, Hervé, Hélène, habiter

Tunisie, Thomas, Théo, thé, menthe, déguster

Xavier, Alexis, exister, Bruxelles, fruits exotiques

19 Les liaisons

Elabore des phrases avec les mots proposés. Tu peux en ajouter d'autres.

Les liaisons br, vr, gl, bl

arbre, abricot, ouvrir, vraiment, glace, blanc

Les liaisons pr, pl, fr, fl

prêt, prendre, Grèce, froid, place, Afrique, Fred

Les liaisons cl, xc, ph, sc

Philippe, piscine, exciter, descendre, Claire, photo

Les liaisons cr, ch, gr, th

Christophe, chercher, thon, cru, gros, gratin

Les prénoms de la classe

Ecris tous les prénoms des élèves de la classe. N'oublie pas la majuscule !

Recopie le nom des matières en cursive le plus de fois possible.

Lecture

Grammaire

Conjugaison

Orthographe

Vocabulaire

Rédaction

Calcul

Numération

Géométrie

Mesures

Problèmes

Histoire

Géographie

Education Morale et Civique

Education Physique et Sportive

Musique

Arts visuels

Anglais

Sciences

Ce que j'aime le moins c'est ...

Complète

Ce que je préfère c'est ...

La Marseillaise

Copie notre hymne français en cursive

Allons enfants de la Patrie
Le jour de gloire est arrivé
Contre nous de la tyrannie
L'étendard sanglant est levé {2x}
Entendez vous dans les campagnes
Mugir ces féroces soldats
Ils viennent jusque dans vos bras,
Egorger vos fils, vos compagnes

{Refrain:}
Aux armes citoyens !
Formez vos bataillons !
Marchons, marchons,
Qu'un sang impur
Abreuve nos sillons.

Recopie cette petite annonce en respectant la présentation et l'écriture : script, cursive ou majuscule.

Petite Annonce Urgente :

Cherche ...

Un Electricien pour rétablir le courant entre les gens...
Un Opticien pour changer leur regard...
Un Artiste pour leur dessiner un sourire...
Un Jardinier pour cultiver la pensée...
Et un Professeur de maths pour leur apprendre à ...
        ... compter les uns sur les autres !

Me contacter au bureau du Bonheur.

Une petite annonce (2)

**Recopie cette petite annonce en respectant la présentation.
Ecris en script et en cursive quand il le faut.
Le titre doit être en capitales d'imprimerie.**

AVIS DE RECHERCHE

Disparu depuis pas mal de temps.
<u>Nom</u> : Soleil
<u>Dimension</u> : diamètre 1.390.000 km
<u>Couleur</u> : Jaune
<u>Signe particulier</u> : une source de chaleur

Faites tourner, demandez à vos amis, et si vous le rencontrez, demandez-lui SVP de revenir au plus vite !

Le petit Prince

Recopie ce poème en cursive en respectant la présentation

Ce poème a été écrit en réponse à la citation dans le **Petit Prince** : « *C'est tellement mystérieux le pays des larmes...* »

C'est un pays tout froid, mélancolique
Un pays d'eau dormante et nostalgique,
Où passent lentement des ombres grises
Dont les pas sourds résonnent en sourdine.
C'est un pays de vent
    d'écume
        de vague
           de sable
              de pluie
                de vide
C'est un pays où l'on va se blottir
Tout seul, plaintif, dans un nid de soupirs
Un lieu sans lumière et sans bornes
Où l'on marche d'un pas monotone.
C'est un pays
        sans lueur
           sans fleur
              sans foi
                sans voix
C'est un bien triste et long pays de chagrin
Bien mystérieux, bien trop humain
C'est un pays qu'il faut vite quitter
Car notre cœur pourrait s'y enterrer.

Le petit Prince

Recopie cette affiche en respectant la présentation, l'écriture script et cursive.

Kermesse
Ecole Jeanne D'Arc
Vendredi 19 juin

Matin à partir de 9h :

Jeux sportifs au stade

Midi :

Pique-nique au City Stade : Pan Bagnat, boisson, biscuit et compote de pommes

Après-midi :

- A partir de 14h : ouverture des stands, organisés et tenus par les enfants de CM2

- A partir de 17h : spectacle des élèves de l'école

- A partir de 19 h : Repas dans la cour de l'école, bal et tombola !

Les parents volontaires pour venir aider
le matin au stade et le soir pour la fête dans la cour,
sont les bienvenus !

Une affiche de kermesse

27 · De jolis messages

Recopie ces phrases sous forme de liste. Comme le modèle, écris une phrase en capitales d'imprimerie, une phrase en script, une phrase en cursive.

ICI, ON...

...s'entraide

... prend soin de nous

... SE DIT DES MOTS GENTILS

... partage tout

... dit la vérité

... POSE DES TAS DE QUESTIONS

... est sympa entre nous

... dit s'il te plaît et merci

... FAIT DE SON MIEUX

... est bon joueur

... a le droit de se tromper

Recopie les consignes en cursive. Transforme les bulles en dialogue en ajoutant les tirets et en allant à la ligne quand il le faut

✱ *Pour demander le nom de quelqu'un, son âge, où il habite et se présenter :*

Hello ! What's your name ?
How old are you ?
Where do you live ?

Hi ! I'm Ben.
I'm 10 too.
I'm from
France.

Hi ! My name is Jessica.
I'm 10 years old.
I live in England.

✱ *Pour présenter quelqu'un :*

This is my
sister Allison

This is my
friend Ben.
He is 10.

Nice to meet
you

Recopie ce brevet en respectant la présentation et l'écriture. Essaie de faire un joli titre... Ne reproduis pas les pointillés.

Brevet Universel de Sorcellerie Élémentaire

Liste des sortilèges de 1ère et 2ème années

Lévitation .... Windargium léviosa

Lumière intense .... Lumos maxima

Ouvrir les portes .... Alohomora

Faire disparaître un serpent .... Vipéra évanesca

Réparer des lunettes .... Oculus réparo

Désarmer un adversaire .... Expelliarmus

Pétrifier/transformer en statue quelqu'un .... Pétrificus totalis

Faire perdre la mémoire .... Oubliettes

Transformer un animal en verre à pied .... Fera verto

Repousser des araignées .... Aragna eximé

Figer une personne .... Stupéfix

Faire apparaître un serpent .... Serpensortia

Faire cracher des limaces à un adversaire .... Crache limace

Twinkle twinkle little star

Recopie cette chanson en script

Twinkle twinkle little star,
How I wonder what you are,
Up above world so high,
Like a diamond in the sky,

When the blazing sun is gone,
When there's nothing he shines upon,
Then you show your little light,
and Twinkle, twinkle, through the night.

In the dark blue sky you keep,
And through my curtains you often peep
For you never shut your eye,
Till the sun is in the sky

Recopie cette recette en respectant la présentation et l'écriture : majuscules, script, cursive.

RECETTE DU POLYNECTAR

Ingrédients :
- Jus de foie de rat
- Poudre de corne de dragon
- Bave de dragon

Le Polynectar est une potion qui sert à prendre l'apparence de quelqu'un d'autre.

Préparation :
Verser 0,2 dL de jus de foie de rat dans un récipient.
Ajouter 2 pincées de poudre de corne de dragon.
Incorporer la bave de dragon jusqu'en haut.
Bien remuer en prononçant la phrase 6 fois :
« Par la barbe de Carabistouille, que je devienne grenouille si je m'embrouille. »

32 L'histoire de l'écriture cursive

Recopie ce texte

En paléographie, l'écriture cursive se fixe principalement au cours des années 1380. C'est de cette époque que datent les « l », « h », « b » à boucle. Bien qu'il existe des exemples d'écriture cursive dans les livres avant même le début du XIVème siècle, c'est dans ces années que les formes cursives s'introduisent fortement dans les manuscrits.

Aujourd'hui, la cursive s'oppose à l'écriture en script, écriture manuelle qui se base sur un tracé simplifié de caractères typographiques.

L'écriture cursive actuellement pratiquée dans les pays de tradition latine – également appelée « écriture courante » ou « en lettres attachées » – est une émanation des écritures « ronde », « bâtarde », ou « anglaise », dépouillées de leurs pleins et déliés depuis la disparition de l'usage de la plume.

Dorothée a été emportée par un cyclone dans un pays fantastique... La gentille fée lui dit que le magicien d'oz pourra l'aider à rentrer chez elle.

Recopie cet extrait du magicien d'Oz en cursive en respectant la présentation.

Elle prit un petit panier qu'elle remplit du pain du buffet et le recouvrit d'un torchon bleu. Puis elle regarda ses pieds : ses chaussures étaient bien vieilles et bien usées.

    - Jamais elles ne supporteront un long voyage, Toto, dit-elle.

Toto la fixa avec ses petits yeux noirs en remuant la queue, pour montrer qu'il avait compris. Au même instant, Dorothée aperçut sur la table les souliers d'argent qui avaient appartenu à la Sorcière de l'Est.

    - Pourvu qu'ils m'aillent ! dit-elle à Toto. C'est juste ce qu'il faut pour faire une longue promenade, car ils doivent être inusables.

Elle enleva ses vieilles chaussures de cuir et essaya les souliers d'argent : on eût dit qu'ils avaient été faits pour elle. Enfin elle prit son panier.

    - En route, Toto, dit-elle, nous partons pour la Cité d'Émeraude demander au grand Oz comment retourner au Kansas.

34 — Les règles de vie

Recopie ces règles de vie de la classe sous forme de liste, en cursive.

LA VIE DANS LA CLASSE

1. ON EST POLI : BONJOUR, MERCI, S'IL TE PLAÎT.

2. ON LÈVE LA MAIN POUR PARLER ET ON ATTEND SON TOUR.

3. ON PREND SOIN DU MATÉRIEL.

4. ON REGARDE ET ON ÉCOUTE ATTENTIVEMENT.

5. ON S'APPLIQUE, ON FAIT DE SON MIEUX.

6. ON S'ENTRAIDE ET ON PARTAGE.

7. ON NE CRIE PAS ET ON LIMITE LE BRUIT.

35 — Les blagues de Toto

Recopie ces blagues en cursive et en écrivant les dialogues correctement : va à la ligne quand il faut.

La maitresse demande à toto : – Tu as compris le verbe chanter au présent de l'indicatif ? – Oui maitresse ! – Si c'est toi qui chantes, tu dis quoi ? – Je chante ! - Et si c'est ta sœur qui chante, tu dis quoi ?   - Arrrrêêêttttteeeee !!!!!!

- Maman la maîtresse, elle me pose toujours des questions trop compliquées, on dirait qu'elle m'en veut ! La maman de Toto va voir la maîtresse. - Pourquoi vous posez toujours des questions trop difficiles à mon fils ? - Et bien non, regardez : Toto, combien font 2 + 2 ? - Tu vois, maman, elle recommence !

Le petit Nicolas

Recopie ces extraits du petit Nicolas en cursive.

«Alors, a dit le photographe, vous allez sagement prendre vos places pour la photo. Les plus grands sur les caisses, les moyens debout, les petits assis. » Nous on y est allés et le photographe était en train d'expliquer à la maîtresse qu'on obtenait tout des enfants quand on était patient, mais la maîtresse n'a pas pu l'écouter jusqu'au bout. Elle a dû nous séparer, parce que nous voulions tous être sur les caisses...

"Moi je n'aime pas les filles. C'est bête, ça ne sait pas jouer à autre chose qu'à la poupée et à la marchande et ça pleure tout le temps. Bien sûr, moi aussi je pleure quelquefois, mais c'est pour des choses graves, comme la fois où le vase du salon s'est cassé et papa m'a grondé et ce n'était pas juste parce que je ne l'avais pas fait exprès et puis ce vase il était très laid et je sais bien que papa n'aime pas que je joue à la balle dans la maison, mais dehors il pleuvait."

Cahier d'écriture CM1-CM2 - @La Trousse de Sobelle – Photocopies autorisées pour une classe seulement

Recopie en cursive la célèbre tirade de Cyrano de Bergerac.

Cyrano de Bergerac avait un nez... mais quel nez !
Il n'était pas grand, non ! Il était immense !
Provoqué par son ennemi, le comte de Valvert, il se lance dans cette tirade...

Ah ! non ! c'est un peu court, jeune homme !

On pouvait dire... Oh! Die !... bien des choses en somme .

En variant le ton,-par exemple, tenez :

Agressif : Moi, Monsieur, si j'avais un tel nez,

Il faudrait sur-le-champ que je me l'amputasse !

Amical : Mais il doit tremper dans votre tasse !

Pour boire, faites-vous fabriquer un hanap!

Descriptif : C'est un roc ! . .. c'est un pic ! . . . c'est un cap !

Que dis-je, c'est un cap ?. .. C'est une péninsule !

Curieux : De quoi sert cette oblongue capsule ?

D'écritoire, Monsieur, ou de boite à ciseaux ?

Gracieux : Aimez-vous à ce point les oiseaux

Que paternellement vous vous préoccupâtes

De tendre ce perchoir à leurs petites pattes ?

Truculent : Ça, Monsieur, lorsque vous pétunez,

La vapeur du tabac vous sort-elle du nez

Sans qu'un voisin ne crie au feu de cheminée ?

Prévenant : Gardez-vous, votre tête entrainée

Par ce poids, de tomber en avant sur le sol !

Tendre : Faites-lui faire un petit parasol

De peur que sa couleur au soleil ne se fane !

Cavalier : Quoi, l'ami, ce croc est à la mode ?

Pour pendre son chapeau, c'est vraiment très commode !

Emphatique : Aucun vent ne peut, nez magistral,

T'enrhumer tout entier, excepté le mistral !

Dramatique : C'est la Mer Rouge quand il saigne !

Admiratif : Pour un parfumeur, quelle enseigne !

Cyrano : la tirade du nez

Recopie le dialogue entre le capitaine Haddock et Tintin.

La recette des cookies

Recopie cette recette en cursive et en capitales d'imprimerie en respectant la présentation.

INGREDIENTS :

150 g de farine, 100 g de pépites de chocolat, 50 g de sucre, 50 g de beurre, 1 sachet de sucre vanillé, 1 œuf, 1 c à c de levure, 0,5 c à c de sel

PREPARATION :

Etape 1 :
- Ramollir le beurre au micro-ondes sans le faire fondre.
- Mélanger beurre, œuf, sucre et sucre vanillé.
- Ajouter la farine, le sel et la levure petit à petit puis les pépites de chocolat

Etape 2 :
- Faites de petites boules, les mettre sur du papier sulfurisé.
- Enfournez à 180°C pendant 10 à 12 min (suivant la texture que vous désirez, moi, j'aime quand c'est très moelleux).

La carte d'identité

Recopie et complète la carte d'identité avec tes propres informations.

Carte recto

RÉPUBLIQUE FRANÇAISE

CARTE NATIONALE D'IDENTITÉ N°: 98765235012   Nationalité Française

Nom : MARTIN
Nom d'usage : MARTIN
Prénom(s): CHARLES, JEAN, PIERRE

Sexe : M   Né(e) le: 01.03.1975
à: PARIS (75)
Taille : 1,70 M
Signature
du titulaire :   Martin

Carte verso

Adresse : 104 RUE DES FLEURS
          92100 BOULOGNE-BILLANCOURT
Carte valable jusqu'au : 21 06 1998
délivrée le : 22 06 1988
par : SOUS-PREFECTURE DE BOULOGNE-BILLANCOURT (92)
Signature de l'autorité :   SPECIMEN

Carte recto

Carte verso

Printed in France by Amazon
Brétigny-sur-Orge, FR

20788193R00029